DALLOZ

LES LOIS DE 1910

Retraites
Ouvrières
&
Paysannes

PARIS
19, rue de Lille, 19

LES LOIS DE 1910

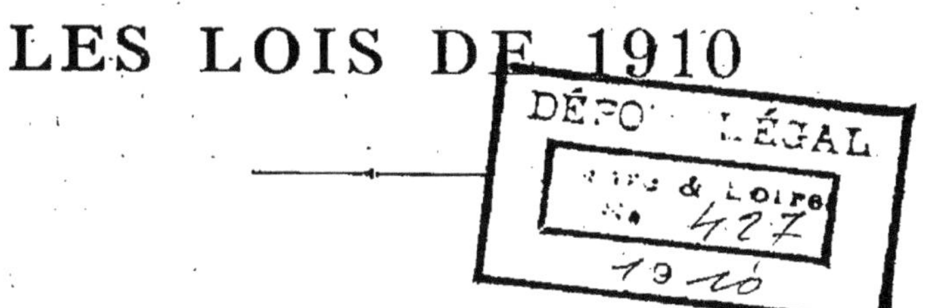

RETRAITES OUVRIÈRES

ET PAYSANNES

5 AVRIL 1910

PARIS

ADMINISTRATION DALLOZ

19, RUE DE LILLE

AVERTISSEMENT

La loi sur les retraites ouvrières et paysannes intéresse un nombre considérable de personnes appartenant aux catégories les plus diverses. Aussi a-t-il semblé utile de consacrer une brochure à la publication de ce texte législatif, aux dispositions fort complexes, en le faisant précéder d'une analyse qui permette une compréhension facile et rapide de son mécanisme.

L'analyse occupe, dans la présente brochure, les pages 5 à 14.

Le texte même de la loi occupe les pages 15 à 32.

LOI

SUR LES RETRAITES OUVRIÈRES

ET PAYSANNES

I. — HISTORIQUE DE LA LOI

Le texte de la présente loi, après de longs débats, a été définitivement adopté par la Chambre des députés à la séance du 31 mars 1910, promulgué le 5 avril 1910, et publié au *Journal officiel* le 6 avril 1910.

Dès 1890, plusieurs propositions de loi relatives à l'institution de retraites pour les travailleurs avaient été soumises à la Chambre des députés. Un projet de loi fut présenté par MM. Constans, ministre de l'Intérieur, et Rouvier, ministre des Finances. Propositions et projet firent l'objet d'un rapport d'ensemble de M. Paul Guieysse en date du 11 fév. 1893 (annexe no 2576, *Journ. off.* des 2 et 5 avr. 1893, p. 6).

Diverses autres propositions de loi déposées en 1893 et 1894 firent l'objet d'un rapport d'ensemble de M. Audiffred, en date du 19 déc. 1896 (annexe no 2185, *Journ. off.* du 14 avr. 1897, p. 116).

En 1898 et 1899, de nouvelles propositions et un projet présenté par M. Maruéjouls, ministre du Commerce, de l'Industrie, des Postes et des Télégraphes, motivèrent un nouveau rapport d'ensemble de M. Paul Guieysse, en date du 9 mars 1900 (annexe n° 1502, *Journ. off.* des 27 et 28 avr. 1900, p. 721), et un rapport supplémentaire, en date du 14 mai 1901 (annexe no 2333, *Journ. off.* du 16 mai 1901, p. 305, *Journ. off.* du 20 juill. 1901, p. 611).

Les différentes propositions déposées de 1902 à 1905, dont les dispositions devaient former, après discussion et remaniements, le texte de la présente loi, ont fait l'objet, à la

Chambre, du rapport d'ensemble de M. Paul Guieysse en date
du 22 nov. 1904 (annexe n° 2083, *Journ. off.* des 16, 18, 19
et 20 déc. 1904, p. 1187 et suiv.), au Sénat, du rapport d'ensemble de M. Cuvinot, en date du 2 avr. 1909 (annexe n° 104,
Journ. off. des 19, 22, 24 juin 1909, p. 184 et suiv.; ... des
4, 5, 6 et 10 août 1909, p. 250 et suiv.; ... des 3, 7, 9, 13 et
14 nov. 1909, p. 375 et suiv.).

II. — DATE D'APPLICATION DE LA LOI

Un règlement d'administration publique déterminera les
conditions générales d'application de la loi (art. 41). Divers
points particuliers seront fixés également par des règlements
d'administration publique.

La loi sera applicable dans le délai fixé par la loi de finances
de 1911, qui comprendra les ressources générales nécessaires
à son fonctionnement, et trois mois au moins après l'insertion des règlements d'administration publique au *Journal
officiel* (art. 27).

A dater de l'entrée en vigueur de la loi, toutes dispositions
contraires seront abrogées (art. 42).

Le ministre du Travail, à la séance de la Chambre du
31 mars 1910 (*Journ. off.* du 1er avril 1910), s'est engagé à
hâter l'élaboration des règlements d'administration publique
de façon que la loi puisse être applicable en 1911.

III. — PERSONNES ASSUJETTIES
A LA LOI

Retraites obligatoires. — Les bénéficiaires éventuels de
la présente loi, désignés sous le nom d' « assurés », sont
(art. 1er) :

Les salariés des deux sexes de l'industrie, du commerce,
des professions libérales et de l'agriculture;

Les serviteurs à gages ;

Les salariés de l'État qui ne sont pas placés sous le régime
des pensions civiles ou militaires ;

Les salariés des départements et des communes.

Seuls sont astreints aux obligations de la loi les salariés dont la rémunération annuelle ne dépasse pas 3 000 francs. Ceux qui, après avoir eu un salaire moindre, atteignent ce chiffre, cessent de faire partie de la liste des assurés, mais conservent leurs droits acquis (art. 10).

Retraites facultatives. — Les salariés dont le salaire annuel est compris entre 3000 et 5000 francs, les femmes et veuves non salariées des assurés peuvent, dans certaines conditions, s'assurer facultativement une retraite (art. 36).

Les fermiers, métayers, cultivateurs, artisans et petits patrons qui habituellement travaillent seuls ou avec un seul ouvrier et avec des membres de leur famille, salariés ou non, habitant avec eux, et qui voudraient se constituer une retraite ou en assurer une à ces membres de leur famille, seront admis facultativement, en opérant des versements à l'une des caisses visées au titre 2 de la loi, et dans certaines conditions, au bénéfice d'une pension de retraite, à l'âge de soixante-cinq ans, et au bénéfice, le cas échéant, des allocations fournies par l'Etat aux sociétés de secours mutuels et aux syndicats professionnels qui constituent une caisse d'assurance maladie et une caisse d'invalidité et de retraites régies par la loi du 1er avr. 1898 (art. 36).

Retraites acquises antérieurement à la présente loi. — Demeurent respectivement soumis aux législations spéciales qui les régissent :

Les agents, employés et ouvriers des grandes Compagnies de chemins de fer d'intérêt général et de l'Administration des chemins de fer de l'Etat ;

Les ouvriers et employés des mines ;

Les inscrits maritimes.

Il en est de même pour les agents, employés et ouvriers

Des chemins de fer d'intérêt général secondaires ;

Des chemins de fer d'intérêt local et des tramways ;

A moins que le régime auquel ils sont soumis soit moins favorable pour eux que celui de la présente loi (art. 10).

Quant aux salariés de l'Etat qui ne sont pas placés sous le régime des pensions civiles ou militaires, et aux salariés des départements et des communes, les caisses de retraite et les règlements de retraites dont ils bénéficient pourront être maintenus par décrets. De nouvelles caisses ou de nouveaux règlements pourront être institués également par décrets (art. 10).

Les pensions déjà acquises à un titre quelconque, en vertu de contrats, et dont le service incombe à l'employeur, seront fournies, comme précédemment, suivant les règlements particuliers de l'entreprise (art. 28).

Étrangers. — Les salariés étrangers travaillant en France sont, en principe, soumis au même régime que les salariés français (art. 11), dans certaines conditions déterminées (art. 40).

Enfants, Veuve, Femme divorcée. — Certains avantages sont garantis aux enfants âgés de moins de seize ans et à la veuve de l'assuré, encore astreint aux obligations de la loi, qui vient à décéder avant d'être pourvu d'une pension de retraite (art. 6).

Le sort de la femme divorcée, non remariée, est le même que celui de la veuve, quand le divorce a été prononcé aux torts exclusifs du mari (art. 6).

Les femmes et veuves non salariées des assurés peuvent en outre s'assurer facultativement une retraite (art. 30). V. plus haut p. 7.

IV. — CONSTITUTION DE LA RETRAITE

Assurés obligatoires, Employeurs, État. — La retraite est constituée, à capital aliéné (art. 2) :
Par des versements obligatoires et facultatifs des assurés ;
Par des contributions des employeurs ;
Par des allocations viagères de l'État.
Les articles 2 et 3 déterminent le mode et la quotité des versements des employeurs et des employés, l'article 4, la quotité de l'allocation viagère de l'Etat, et les conditions dans lesquelles l'assuré sera admis au bénéfice de cette allocation.
Les versements prélevés sur le salaire de l'assuré peuvent être faits, sur sa demande, à capital réservé (art. 2).

Assurés facultatifs. — Un minimum et un maximum sont prévus pour les versements annuels (art. 36).
Les versements des *métayers* emportent de plein droit les versements de pareille somme par les propriétaires, à concurrence d'un maximum de 9 francs (art. 36).

Les versements effectués par les assurés facultatifs bénéficieront d'une majoration allouée par l'Etat, et variant entre des limites déterminées (art. 36).

Les dispositions du paragraphe précédent sont applicables aux femmes et veuves non salariées des assurés facultatifs et des autres salariés, et aux salariés dont le salaire annuel est compris entre 3000 et 5000 francs (art. 36).

Assimilation des assurés facultatifs aux assurés obligatoires. — Dans certaines conditions d'âge, les assurés facultatifs bénéficieront des avantages accordés par les art. 6, 7, 8 et 9 aux autres assurés (art. 36).

Assurés facultatifs considérés comme employeurs. — Les assurés facultatifs qui occupent des salariés faisant partie ou non de leur famille sont tenus, à l'égard de ces salariés, aux versements obligatoires des employeurs, tels qu'ils sont fixés par l'art. 2 (art. 36).

Passage des assurés de la catégorie des assurés obligatoires dans la catégorie des assurés facultatifs, et réciproquement. — L'art. 37 de la loi fixe les conditions dans lesquelles se cumuleront au cas de passage de l'assuré d'une catégorie dans l'autre, suivant l'âge de l'assuré et le temps passé par lui dans l'une ou l'autre catégorie, l'allocation viagère fournie par l'Etat à l'assuré obligatoire et la majoration allouée à l'assuré facultatif.

V. — SERVICE DE LA RETRAITE

Compte individuel. — Un compte individuel est ouvert aux assurés, à leur choix (art. 14) :

1o Soit à la Caisse nationale des retraites pour la vieillesse ;

2o Soit dans les sociétés ou unions de sociétés de secours mutuels préalablement agréées à cet effet par décret (V. plus loin p. 10).

3o Soit dans les caisses départementales ou régionales de retraites qui seront instituées par décret ;

4o Soit dans les caisses patronales ou syndicales de retraites ;

5o Soit dans les caisses de syndicat de garantie liant solidairement les patrons adhérents pour l'assurance de la
retraite ;

6o Soit dans les caisses de retraites de syndicats professionnels.

Tarif. — Le tarif des retraites est calculé pour chacune des
caisses dans des conditions déterminées par un règlement
d'administration publique, d'après le taux d'intérêt des placements de chaque caisse (art. 12).

Provisoirement, il sera calculé d'après la table de mortalité
de la Caisse nationale des retraites pour la vieillesse jusqu'à
ce que l'on ait établi par décret :

1o De nouvelles tables de mortalité pour les retraites de
vieillesse ;

2o Des tables de mortalité spéciales pour la liquidation des
retraites anticipées d'invalidité (art. 12).

Lorsque la retraite en cours d'acquisition dépasse 180 francs,
la valeur en capital du surplus peut être affectée soit à une
assurance en cas de décès, soit à l'achat d'une terre ou d'une
habitation qui deviendra inaliénable et insaisissable, dans les
conditions déterminées par la législation sur la constitution
d'un bien de famille insaisissable (art. 13).

**Gestion financière des caisses. — Emploi des fonds prove-
nant des versements. — Fonds de réserve.** — La gestion
financière des diverses caisses dans lesquelles les comptes
individuels des assurés peuvent être ouverts est confiée à la
Caisse des dépôts et consignations (art. 15).

L'emploi des fonds, ainsi que la constitution d'un fonds de
réserve et son alimentation sont réglés par les art. 15 et 16.

Sociétés ou unions de sociétés de secours mutuels. — Les
retraites peuvent être assurées directement à leurs sociétaires, par les sociétés ou unions de sociétés de secours mutuels, à la condition qu'elles aient été préalablement agréées
à cet effet par décret rendu sur la proposition du ministre du
Travail et du ministre des Finances (art. 17).

Un règlement d'administration publique déterminera les
conditions de constitution et de fonctionnement :

Des caisses départementales ou régionales,

Des caisses patronales ou syndicales,

Des caisses de syndicats de garantie solidaire,

Des caisses de syndicats professionnels,

dans lesquelles pourront être ouverts les comptes des assurés (art. 19).

Dès maintenant, l'art. 19 de la loi prévoit l'emploi des fonds versés aux caisses patronales ou syndicales, ou aux caisses de syndicats de garantie solidaire.

Les sociétés de secours mutuels et les syndicats professionnels qui constituent une caisse d'assurance maladie et une caisse d'invalidité et de retraites régies par la loi du 1er avr. 1898 dans les conditions réglées par l'art. 19 précité reçoivent de l'Etat certaines allocations (art. 18).

Des règlements d'administration publique détermineront le mode de liquidation des droits éventuels des bénéficiaires :

1o Au cas où la caisse à laquelle ils ont versé leurs cotisations renoncerait à la constitution des retraites ouvrières ;

2o Au cas où ils désireraient s'affilier à une autre caisse ;

3o Au cas où ces bénéficiaires seraient des employés et ouvriers de l'Etat soumis à des régimes de retraite autres que ceux des pensions civiles et des pensions militaires, et quittant le service avant liquidation de pension.

Diverses dispositions de la loi sont relatives :

1o Aux conditions dans lesquelles des avances remboursables peuvent être consenties aux caisses régionales ou départementales (art. 38) ;

2o A l'encaissement par la Caisse nationale d'épargne postale, sur demande de ses adhérents, de leurs versements facultatifs ou obligatoires (art. 39).

VI. — DISPOSITIONS GÉNÉRALES

Age de la retraite. — L'âge normal de la retraite est fixé à soixante-cinq ans (art. 5). Toutefois, à partir de cinquante-cinq ans, l'assuré peut réclamer la liquidation de sa retraite.

La liquidation est accordée de plein droit, quel que soit l'âge, à l'assuré atteint, en dehors des cas prévus par la loi du 7 avr. 1898 sur les accidents du travail, de blessures graves ou d'infirmités prématurées entraînant une incapacité absolue et permanente de travail (art. 9).

Incessibilité et insaisissabilité des retraites. — Les retraites et allocations acquises en vertu de la présente loi sont, en principe, incessibles et insaisissables (art. 21).

Litiges. — **Procédure.** — **Immunités fiscales.** — Les divers actes relatifs à l'exécution de la loi sont délivrés gratuitement, exempts des droits de timbre et d'enregistrement. En cas de litige porté devant les tribunaux civils, il sera statué comme en matière sommaire et d'urgence. Les recours qui pourraient être formés devant le Conseil d'Etat seront dispensés du ministère d'avocat et auront lieu sans frais (art. 22).

Infractions. — **Pénalités.** — Les art. 23 et 24 établissent les pénalités encourues :

1° Par l'employeur ou l'assuré en cas d'omission par sa faute d'un ou plusieurs versements ou de dissimulation des versements effectués ;

2° Par les administrateurs, directeurs ou gérants de toutes sociétés ou institutions qui recevraient les versements sans avoir été agréées ou autorisées à cet effet, ou qui se rendraient coupables de fraude ou de fausse déclaration intentionnelle dans l'encaissement ou la gestion.

Statistique. — **Conseil supérieur des retraites ouvrières.** — Le ministre du Travail établit la statistique de toutes les opérations effectuées en exécution de la présente loi et en résume les résultats dans un rapport annuel qui est adressé au Président de la République et qui rend compte de l'application générale de la loi. Ce rapport est publié au *Journal officiel* et distribué aux Chambres (art. 25).

Il est formé, auprès du ministre du Travail, et sous sa présidence, un conseil supérieur des retraites ouvrières chargé de l'examen de toutes les questions se rattachant au fonctionnement de la présente loi. Ce conseil, composé de membres élus et de membres de droit, se réunit au moins une fois par semestre et nomme une section permanente ayant pour mission de donner son avis sur les questions qui lui sont renvoyées, soit par le conseil supérieur, soit par le ministre du Travail (art. 26).

VII. — DISPOSITIONS TRANSITOIRES

Loi du 14 juill. 1905 sur l'assistance aux vieillards, aux infirmes et aux incurables. — Les personnes admises au bénéfice de la présente loi, âgées de soixante-cinq à soixante-neuf ans au moment où elle entrera en vigueur, seront admises, avec quelques restrictions, au bénéfice de la loi du 14 juillet 1905 sur l'assistance (art. 7).

Tous les bénéficiaires de la présente loi garderont les avantages prévus par l'art. 20 de la même loi du 14 juill. 1905 : assistance à domicile et allocation mensuelle.

Caisses de retraites et caisses de prévoyance. — Celles de ces caisses qui n'obtiendraient point l'autorisation prévue par la présente loi (V. plus haut p. 10) fonctionneront exclusivement pour l'exécution des engagements antérieurement contractés par elles. Mais les versements effectués par les employeurs et les salariés devront atteindre le chiffre prévu par la loi, à moins toutefois que la pension de retraite assurée ne se trouve supérieure à celle qui serait obtenue en vertu de la loi (art. 29).

Les caisses et les employeurs auront d'ailleurs la faculté de verser à la Caisse nationale des retraites pour la vieillesse le capital constitutif des rentes qu'ils servent (art. 30).

Si les caisses ont été organisées avec le concours des ouvriers et employés, les intéressés auront à se prononcer, dans un délai de six mois, sur les mesures à prendre.

Une commission arbitrale, dont la loi prévoit la composition et le fonctionnement, interviendra en cas de désaccord entre les employeurs, d'une part, et la majorité des ouvriers et employés, d'autre part.

En cas de désaccord, non seulement sur les mesures à prendre, mais sur le recours à la commission arbitrale, les tribunaux nommeront un liquidateur chargé d'assurer, au mieux des intérêts en présence, la liquidation de la caisse de prévoyance (art. 31 et 32).

Litiges. — Procédure. — Immunités fiscales. — En cas de différend soumis au tribunal civil, il sera procédé comme en matière sommaire et d'urgence. L'exemption des droits de timbre et d'enregistrement et l'assistance judiciaire devant la juridiction du premier degré sont accordés de droit. La procédure devant la commission arbitrale sera fixée par un règlement d'administration publique (art. 33 et 34).

Pénalités. — L'art. 35 établit les pénalités encourues pour infractions aux dispositions des art. 28 et 29.

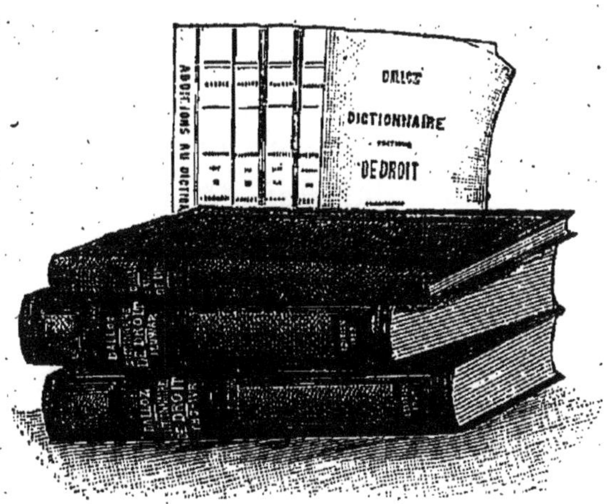

LE
DICTIONNAIRE PRATIQUE
DE DROIT
DALLOZ

———×———

Le Dictionnaire pratique de Droit a dépassé, et de beaucoup, le tirage des ouvrages de droit usuel, puisque le *20ᵉ Mille est actuellement en vente.* Ce succès est dû d'abord à l'autorité acquise depuis bientôt un siècle par le Dalloz, mais surtout aux services que rend l'ouvrage à tous ceux qui ont besoin de renseignements de droit. N'importe qui

peut, en quelques-secondes, au moyen d'une table
des matières aussi claire que pratique, trouver la
réponse à sa question. Ce Dictionnaire est si utile,
que le monde du Palais lui-même, cependant pourvu
de vastes Répertoires techniques, l'a presque par-
tout adopté.

Le *Dictionnaire Pratique de Droit* a tourné la
grosse difficulté d'être constamment à jour, ce qui
est méritoire par cette période d'activité législative.
Tous les ans, en octobre, des Additions qui se sub-
stituent aux précédentes résument les dernières lois
et les dernières interprétations de la Jurisprudence.

Le *Dictionnaire Pratique de Droit* convient surtout à MM. les

Agents d'Assurances,	Ingénieurs,
Agents Voyers,	Percepteurs,
Architectes,	Receveurs de l'Enregis-
Conseillers Généraux,	trement,
Conseillers Municipaux,	Receveurs Particuliers,
Géomètres,	Trésoriers Généraux,

etc. etc.

Voir le bulletin de Souscription

entre les pages 18 et 19.

LOI DU 5 AVRIL 1910

SUR LES RETRAITES OUVRIÈRES

ET PAYSANNES

TITRE I

CONSTITUTION DES RETRAITES

Art. 1er. — Les salariés des deux sexes de l'industrie, du commerce, des professions libérales et de l'agriculture, les serviteurs à gages, les salariés de l'Etat, qui ne sont pas placés sous le régime des pensions civiles ou des pensions militaires, et les salariés des départements et des communes bénéficieront, dans les conditions déterminées par la présente loi, d'une retraite de vieillesse.

Art. 2. — La retraite de vieillesse est constituée par des versements obligatoires et facultatifs des assurés, par des contributions des employeurs et par des allocations viagères de l'Etat.

Les versements obligatoires des salariés, comme les contributions des employeurs, sont établis sur les bases suivantes :

Les versements annuels seront de neuf francs (9 fr.) pour les hommes, six francs (6 fr.) pour les femmes et quatre francs cinquante centimes (4 fr. 50) pour les mineurs au-dessous de dix-huit ans, soit par journée de travail : trois centimes (3 c.), deux centimes (2 c.) et un centime cinq millimes (1 c. 5).

La retraite est constituée à capital aliéné ; toutefois, si l'assuré le demande, les versements prélevés sur son salaire seront faits à capital réservé.

La contribution de l'employeur reste exclusivement à sa charge, toute convention contraire étant nulle de plein droit.

Un règlement d'administration publique déterminera la situation des salariés qui travaillent à façon, aux pièces, à la tâche ou à domicile.

Art. 3. — Les versements des salariés sont prélevés sur le salaire par l'employeur lors de chaque paye.

Chaque assuré reçoit gratuitement une carte personnelle d'identité, ainsi que des cartes annuelles destinées à l'apposition de timbres constatant les versements effectués obligatoirement pour son compte ou facultativement par lui-même.

Le montant total du prélèvement et de la contribution patronale est représenté par un timbre mobile que l'employeur doit apposer sur la carte de l'assuré.

Pour les salariés intermittents, les versements obligatoires seront effectués sur la base des versements mensuels, dans les conditions qui seront déterminées par un règlement d'administration publique, sans pouvoir dépasser les limites fixées au paragraphe 3 de l'art. 2 de la présente loi.

Les sociétés de secours mutuels, les caisses d'épargne ordinaires et les autres caisses prévues à l'art. 14 de la présente loi peuvent se charger de l'encaissement des versements obligatoires ou facultatifs de leurs adhérents, si ceux-ci en font la demande.

Elles peuvent recevoir d'avance les versements obligatoires des assurés à condition de les inscrire sur leurs cartes avec une mention spéciale.

Dans ce cas, les employeurs s'acquittent de leurs contributions par l'apposition d'un timbre mobile.

Un règlement d'administration publique déterminera dans quelles conditions les sociétés de secours mutuels et les autres caisses devront justifier de l'encaissement des cotisations et du versement qu'elles seront tenues d'en faire à la Caisse des dépôts et consignations.

Ceux qui justifieront être déjà adhérents et payer leur cotisation a une société de secours mutuels ou de prévoyance faisant la retraite ; ceux qui justifieront avoir contracté un engagement pour l'achat ou la construction d'une habitation à bon marché, ou pour l'acquisition d'une petite propriété (champ ou jardin), conformément aux conditions des lois des 30 nov. 1894, 30 avril 1904, 12 avr. 1906 et 10 avr. 1908 pourront être autorisés à continuer à appliquer à ces œuvres les versements personnels auxquels ils seront tenus par la présente loi.

Ils conserveront le bénéfice de la contribution des employeurs et la subvention complémentaire de l'Etat.

Art. 4. — L'allocation viagère de l'Etat est fixée à soixante francs (60 fr.) à l'âge de soixante-cinq ans.

Pour être admis au bénéfice de cette allocation, l'assuré devra justifier qu'il a effectué au moins trente versements annuels atteignant, y compris ses versements facultatifs, le chiffre fixé à l'art. 2.

Si le nombre des années de versements est inférieur à trente et supérieur à quinze, l'allocation sera calculée d'après le nombre des années de versements, ledit nombre multiplié par 1 fr. 50.

Les deux années de service militaire obligatoire entrent en ligne de compte pour la détermination du montant de l'allocation viagère.

Pour les assurés de la période transitoire ayant au moins trente-cinq ans accomplis au moment de la mise en vigueur de la loi, le nombre des années de versements exigées pour avoir droit à l'allocation de soixante francs (60 fr.) sera égal au nombre des années écoulées depuis la mise en vigueur de la loi, à condition que lesdits assurés justifieront qu'au moment de la mise en vigueur de la loi ils faisaient partie, depuis trois ans au moins, des catégories de l'art. 1er.

Si le montant des versements annuels effectués n'atteint pas, y compris les versements facultatifs de l'assuré, le total des versements fixés par l'art. 2, l'allocation sera l'objet d'une réduction proportionnelle.

Le capital constitutif de l'allocation est versé au compte du bénéficiaire à la Caisse nationale des retraites pour la vieillesse.

D'autre part, pour les assurés ayant plus de quarante-cinq ans lors de l'entrée en vigueur de la présente loi, l'allocation viagère sera portée aux chiffres suivants par des bonifications annuelles ordonnancées sur les crédits inscrits au budget du ministère du Travail :

Age des assurés
au moment
de l'entrée en vigueur
de la loi.

—

64 à 65 ans.	100 fr.
63 à 64 —	98
62 à 63 -	96
61 à 62 —	94
60 à 61 —	92
59 à 60 —	90
58 à 59 —	88
57 à 58 —	86
56 à 57 —	84
55 à 56 —	82
54 à 55 —	80
53 à 54 —	78
52 à 53 —	76
51 à 52 —	74
50 à 51 —	72
49 à 50 —	70
48 à 49 —	68
47 à 48 —	66
46 à 47 —	64
45 à 46 —	62

Art. 5. — L'âge normal de la retraite est de soixante-cinq ans.

Tout assuré pourra, à partir de cinquante-cinq ans, réclamer la liquidation anticipée de sa retraite ; mais, dans ce cas, l'allocation viagère accordée par l'Etat sera aussi l'objet d'une liquidation reportée au même âge et réduite en conséquence.

Les assurés de la période transitoire seront également admis au bénéfice de la liquidation anticipée, si, pendant les cinq années qui auront précédé la liquidation de la retraite, ils ont appartenu aux catégories de l'art. 1er et s'ils ont versé chaque année, pendant cette période, des sommes au moins égales au montant des versements obligatoires prévus à l'art. 2.

Art. 6. — Si un assuré encore astreint aux obligations de la présente loi décède avant d'être pourvu d'une pension de retraite de vieillesse, il est alloué :

1º A ses enfants âgés de moins de seize ans : une somme de cinquante francs (50 fr.) par mois pendant six mois, s'ils sont au nombre de trois ou plus ; cinquante francs (50 fr.) par mois, pendant cinq mois, s'ils sont au nombre de deux ; cinquante francs (50 fr.) par mois pendant quatre mois, s'il n'y en a qu'un seul ;

2º A la veuve sans enfants de moins de seize ans, cinquante francs (50 fr.) par mois pendant trois mois.

En cas de divorce, les mêmes avantages seront alloués à la femme non remariée quand le divorce aura été prononcé aux torts exclusifs du mari.

Les veuves d'origine française des salariés étrangers visés à l'art. 11, soit sans enfants, soit avec un ou plusieurs enfants, bénéficient des dispositions précédentes, si elles sont naturalisées, elles et leurs enfants, dans l'année qui suit le décès de l'époux et, le cas échéant, à condition que la naturalisation des enfants soit intervenue dans les conditions prévues par l'avant-dernier alinéa de l'art. 9 du Code civil modifié par la loi du 26 juin 1889 et par l'art. 1er de la loi du 5 avr. 1909.

Les allocations prévues aux paragraphes précédents ne seront acquises aux ayants droit que si l'assuré décédé a effectué les trois cinquièmes des versements obligatoires prévus à l'art. 2.

Art. 7. — Le bénéfice de la loi du 14 juill. 1905 sera étendu aux personnes visées à l'art. 1er âgées de soixante-cinq à soixante-neuf ans au moment de l'entrée en vigueur de la présente loi et reconnues admissibles aux allocations de la loi d'assistance; mais les sommes qui leur seront attribuées seront limitées à la moitié des allocations accordées par application de cette dernière loi et seront à la charge exclusive de l'Etat.

Toutefois, les sommes attribuées chaque année ne pourront être supérieures à cent francs (100 fr.).

Un règlement d'administration publique déterminera les conditions spéciales dans lesquelles seront dressées les listes des bénéficiaires du présent article, ainsi que la composition et les attributions des commissions chargées de statuer sur les allocations et sur les recours.

Art. 8. — Les bénéficiaires de l'art. 1er garderont les avantages prévus par l'art. 20 de la loi du 14 juill. 1905.

La retraite acquise par les versements des salariés et les contributions patronales sera considérée comme provenant de

PRINCIPALES MATIÈRES

TRAITÉES

DANS LE

DICTIONNAIRE PRATIQUE

Armée et Marine,
Associations,
Assurances,
Banques,
Contrats,
Cultes,
Donations et Legs,
Élections,
Enseignement,
Fonctions publiques.
Garanties,
Impôts et Taxes,
Mariage,
Naissance,
Propriétaires et Locataires,
Propriété artistique,
Propriété industrielle,
Propriété littéraire,
Responsabilités,
Sociétés,
Testaments,
Transports,
Tribunaux,
Tutelle,
Voisinage.

l'épargne, la rente étant calculée à cet effet comme si tous les versements avaient été effectués à capital aliéné.

Art. 9. — Les assurés qui seront atteints, en dehors des cas régis par la loi du 9 avr. 1898, et à l'exclusion de toute faute intentionnelle, de blessures graves ou d'infirmités prématurées entraînant une incapacité absolue et permanente de travail auront droit, quel que soit leur âge, à la liquidation anticipée de leur retraite.

La constatation de cette incapacité sera faite dans les conditions et formes déterminées par un règlement d'administration publique.

La retraite liquidée sera bonifiée par l'État, dans les conditions fixées par ce règlement, au moyen de crédits spéciaux, annuellement ouverts à cet effet par la loi de finances, sans que la bonification puisse dépasser soixante francs (60 fr.) de rente, ni la retraite devenir supérieure au triple de la liquidation ou excéder trois cent soixante francs (360 fr.) bonification comprise.

Art. 10. — Les agents, employés et ouvriers des grandes compagnies de chemin de fer d'intérêt général et de l'administration des chemins de fer de l'Etat, les ouvriers et employés des mines et les inscrits maritimes demeurent respectivement soumis aux législations spéciales qui les régissent.

Il en sera de même des agents, employés et ouvriers des chemins de fer d'intérêt général secondaires, des chemins de fer d'intérêt local et des tramways. Toutefois, si les dispositions établies en leur faveur par les exploitants dans les conventions passées, s'il y a lieu, entre ces derniers et l'Etat, les départements ou les communes intéressées sous l'approbation des ministres des Travaux publics et de l'Intérieur donnée après avis du ministre du Travail, ne devaient pas leur assurer une retraite au moins égale à celle résultant de la présente loi, celle-ci leur serait applicable dans les conditions qui seront fixées par un arrêté concerté entre le ministre des Finances, le ministre des Travaux publics et le ministre du Travail.

Les caisses de retraites ou les règlements de retraites dont bénéficient actuellement les salariés de l'Etat qui ne sont pas placés sous le régime des pensions civiles ou des pensions militaires et les salariés des départements et des communes pourront être maintenus par décrets rendus sur la proposition des ministres du Travail et des Finances et du ministre compétent.

De nouvelles caisses ou de nouveaux règlements de retraites pourront être institués dans les mêmes conditions.

Les salariés dont la rémunération annuelle dépasse trois mille francs (3 000 fr.) ne seront pas soumis aux obligations de la présente loi. Ceux dont la rémunération annuelle atteindra trois mille francs (3 000 fr.) cesseront de faire partie de la liste des assurés, mais ils conserveront leurs droits acquis.

Art. 11. — Les salariés étrangers travaillant en France sont soumis au même régime que les salariés français.

Toutefois, ils ne peuvent bénéficier des contributions patronales et des allocations ou bonifications budgétaires que si des traités avec les pays d'origine garantissent à nos nationaux des avantages équivalents.

Lorsqu'il n'y a pas lieu à application de l'alinéa précédent, les contributions patronales sont affectées à un fonds de réserve.

Sont également affectées au fonds de réserve les contributions patronales correspondant à l'emploi des salariés français dont la retraite est déjà liquidée.

Les chefs d'industrie qui auront constitué chez eux des caisses de retraites patronales autorisées comme il est dit à l'art. 19, seront tenus de verser au fonds de réserve la contribution patronale afférente à ceux de leurs salariés qui, par application des deux paragraphes précédents, ne pourraient bénéficier de cette contribution.

Art. 12. — Les tarifs des retraites sont calculés pour chacune des caisses visées à l'art. 14 dans des conditions déterminées par un règlement d'administration publique rendu sur la proposition des ministres du Travail et des Finances, après avis du conseil supérieur des retraites ouvrières, d'après le taux d'intérêt des placements de chaque caisse et provisoirement d'après la table de mortalité de la Caisse nationale des retraites pour la vieillesse.

Le taux d'intérêt est gradué par décime.

Des décrets rendus sur la proposition des ministres du Travail et des Finances arrêteront, sur le vu des statistiques établies par le ministre du Travail, de nouvelles tables de mortalité pour les retraites de vieillesse régies par la présente loi, ainsi que des tables de mortalité spéciales pour la liquidation des retraites anticipées d'invalidité.

Les tarifs ne comportent pas de prorata au décès. Ils ne comprennent que des âges entiers, les versements étant considérés comme effectués par les intéressés à l'âge qu'ils ont accompli au cours de l'année dans laquelle les versements sont reçus par l'organisme d'assurance.

Les tarifs ne comportent pas de chargements pour les frais d'administration des divers organismes ; il y est pourvu par une allocation forfaitaire par compte d'assuré ayant donné lieu dans l'année à des opérations de recettes ou de dépenses.

Cette allocation comprendra :

1° Une remise de cinq pour cent (5 p. 100) pour les frais d'encaissement et d'envoi des fonds à l'établissement assureur ;

2° Une indemnité d'un franc (1 fr.) pour le fonctionnement de l'assurance vieillesse.

Elle sera payée chaque année au moyen du fonds de réserve visé à l'art. 16 et subsidiairement au moyen d'un crédit ouvert au budget du ministère du Travail.

Les caisses d'épargne, les sociétés de secours mutuels et les syndicats qui seront admis par les ministres du Travail et des Finances, dans les conditions déterminées par un règlement d'administration publique, à se charger des encaissements de cotisations pour l'une des caisses visées à l'art. 14 sont soumis, pour ces encaissements, au contrôle financier du ministre des Finances.

Art. 13. — Lorsque la retraite en cours d'acquisition dépasse cent quatre-vingts francs (180 fr.), l'assuré peut à toute époque, et après examen médical, affecter la valeur en capital du surplus, soit à une assurance en cas de décès, soit à l'acquisition d'une terre ou d'une habitation qui deviendra inaliénable et insaisissable, dans les conditions déterminées par la législation sur la constitution d'un bien de famille insaisissable.

Art. 14. — Les comptes individuels des assurés sont ouverts à leur choix dans l'une des caisses ci-après :

1º Caisse nationale des retraites pour la vieillesse, dont la gestion continue à être assurée dans les conditions de la loi du 20 juill. 1886 par la Caisse des dépôts et consignations, sous le contrôle de la commission de surveillance placée auprès de cette caisse et qui ouvrira dans ses écritures une section spéciale pour les opérations afférentes à la présente loi ;

2º Sociétés ou unions de sociétés de secours mutuels dans les conditions spécifiées à l'art. 17 ;

3º Caisses départementales ou régionales de retraites instituées par décret et administrées par des comités de direction composés pour un tiers de représentants du Gouvernement, pour un tiers de représentants élus des assurés et pour le troisième tiers de représentants élus des employeurs ;

4º Caisses patronales ou syndicales de retraites ;

5º Caisses de syndicat de garantie liant solidairement les patrons adhérents pour l'assurance de la retraite ;

6º Caisses de retraites de syndicats professionnels.

Les caisses prévues aux cinq derniers alinéas ci-dessus relèvent du ministre du Travail. Elles jouissent de la personnalité civile et sont soumises au contrôle financier du ministre des Finances, dans les conditions qui seront déterminées par un règlement d'administration publique. Leurs fonds sont employés en placements prévus à l'article ci-après.

Chaque caisse, dans le premier semestre de chaque année, délivre gratuitement aux assurés un bulletin indiquant le total des versements obligatoires et facultatifs qu'elle a reçus l'année précédente, ainsi que le montant de la retraite éventuelle à soixante-cinq ans, atteinte au 31 décembre de l'année précédente.

Art. 15. — Pour l'application de la présente loi, la gestion financière des divers organismes visés à l'article précédent est confiée à la Caisse des dépôts et consignations, qui effectue gratuitement leurs placements moyennant le simple remboursement des droits et frais de courtage ou d'acquisition.

Un règlement d'administration publique, rendu sur la proposition du ministre des Finances et du ministre du Travail, après avis de la commission de surveillance de la Caisse des dépôts et consignations, détermine les mesures d'exécution relatives à la gestion financière.

Les placements sont effectués : 1° en valeurs de l'Etat ou jouissant de la garantie de l'Etat; 2° en prêts aux départements, communes, colonies ou pays de protectorat, établissements publics, chambres de commerce, et en obligations foncières ou communales du Crédit foncier; 3° sur l'avis favorable du conseil supérieur des retraites ouvrières prévu ci-après et jusqu'à concurrence d'un quatre centième, en acquisitions de terrains incultes à reboiser ou de forêts existantes; 4° sur l'avis favorable du Conseil supérieur des retraites ouvrières, et jusqu'à concurrence du dixième, en prêts aux institutions visées par l'art. 6 de la loi du 12 avr. 1906 et aux institutions de prévoyance et d'hygiène sociale reconnues d'utilité publique, ou en prêts hypothécaires sur habitations ouvrières ou jardins ouvriers, ainsi qu'en obligations de sociétés d'habitations à bon marché établies conformément à la même loi du 12 avr. 1906.

Les sommes non employées seront versées en compte courant au Trésor dans les limites d'un maximum et à un taux fixés annuellement par la loi de finances. Les placements seront opérés sur la désignation de chaque caisse intéressée. La Caisse des dépôts et consignations ne pourra se dispenser d'exécuter les ordres d'achat ou de vente adressés par les caisses visées aux n°s 2 à 6 du premier paragraphe de l'article précédent, sauf à les fractionner, s'il y a lieu, suivant la situation du marché et sauf avis contraire de la section permanente du Conseil supérieur des retraites ouvrières, en ce qui concerne les ordres de vente.

Art. 16. — Le fonds de réserve visé aux art. 11 et 12 est alimenté :

1° Par les versements prévus à l'art. 11 ;

2° Par les amendes prévues à l'art. 23 et par les versements des greffes visés au même article ;

3° Par les arrérages retenus aux rentiers en application de la prescription de cinq ans, conformément à l'art. 2277 du Code civil ;

4° Par la portion non employée annuellement du revenu visé à l'art. 4 de la loi du 31 déc. 1895 ;

5° Par des dons et legs qui peuvent être faits à l'Etat avec affectation audit fonds.

Ce fonds de réserve est déposé à la Caisse des dépôts et consignations, qui en fait emploi dans les conditions prévues au troisième alinéa de l'art. 15, et ses disponibilités sont comprises dans le maximum visé à l'avant-dernier alinéa dudit article. Les prélèvements sur ce fonds prévus à l'art. 12 sont effectués sur l'ordre du ministre du Travail.

TITRE II

RETRAITES ASSURÉES PAR LES SOCIÉTÉS DE SECOURS MUTUELS, LES CAISSES DÉPARTEMENTALES OU RÉGIONALES, LES CAISSES PATRONALES OU SYNDICALES, LES SYNDICATS DE GARANTIE ET LES SYNDICATS PROFESSIONNELS.

Art. 17. — Toute société ou union de sociétés de secours mutuels, libre ou approuvée, qui a été préalablement agréée à cet effet par décret rendu sur la proposition du ministre du Travail et du ministre des Finances, est admise à assurer directement pour ses sociétaires les retraites prévues par la présente loi. Ces retraites bénéficient de tous les avantages qui y sont spécifiés.

L'agrément ne peut être refusé qu'aux sociétés ou unions ne remplissant pas les conditions générales déterminées par un règlement d'administration publique rendu sur la proposition des ministres du Travail et des Finances.

En cas de refus d'agrément dans les trois mois de la demande, un recours peut être formé devant le Conseil d'Etat, sans ministère d'avocat et avec dispense de tout droit. L'agrément ne peut être retiré que par décret rendu sur avis conforme de la section permanente du Conseil supérieur des retraites ouvrières et sauf recours devant le Conseil d'Etat dans les conditions sus énoncées.

Les sommes déposées par les sociétés à la Caisse des dépôts et consignations en exécution de la présente loi formeront un fonds de retraite distinct et aliénable, et les sociétés ne bénéficieront à raison de ces versements ni des subventions de l'Etat prévues par la loi du 1er avr. 1898, ni de la bonification d'intérêt prévue par la loi de finances du 31 mars 1903.

Art. 18. — Indépendamment de l'allocation prévue à l'art. 12, les sociétés de secours mutuels reçoivent de l'Etat une allocation annuelle d'un franc cinquante centimes (1 fr. 50), réduite à soixante-quinze centimes (0 fr. 75) pour les assurés de moins de dix-huit ans, qui sera affectée à un dégrèvement de pareille somme sur la cotisation maladie de l'assuré. Toutefois, cette allocation n'est pas attribuée si la cotisation versée par l'assurance contre la maladie est inférieure à six francs (6 fr.) ou à trois francs (3 fr.) si l'assuré a moins de dix-huit ans.

Les syndicats professionnels qui constituent une caisse d'assurance maladie et une caisse d'invalidité et de retraites régies par la loi du 1er avr. 1898 dans les conditions réglées par l'art. 19 de la présente loi, bénéficieront des avantages stipulés dans le paragraphe précédent.

Art. 19. — Un règlement d'administration publique rendu sur la proposition des ministres du Travail et des Finances déterminera les conditions de constitution et de fonctionnement des caisses départementales ou régionales, des caisses patronales ou syndicales, des caisses de syndicats de garantie solidaire et des caisses de syndicats professionnels visées à l'art. 14.

Un décret rendu sur la proposition des ministres du Travail et des Finances autorisera la constitution de chaque caisse.

Les employeurs et les salariés qui adhèrent aux caisses patronales ou syndicales ou à des caisses de syndicats de garantie solidaire visées au présent article peuvent être dispensés, par le décret qui en autorisera la constitution, des versements prévus à l'art. 2, à la condition que les pensions soient au moins égales à celles qui seraient obtenues dans les mêmes périodes en vertu de la présente loi.

Ils seront en tous cas dispensés des appositions de timbres prévues par l'art. 3 de la présente loi.

Si les caisses patronales ou syndicales reçoivent des employeurs des cotisations supérieures aux contributions fixées à l'art. 2, elles sont tenues seulement de capitaliser au compte de chaque salarié la partie de la cotisation correspondant à la contribution obligatoire, et peuvent, avec le surplus, soit constituer des réserves, soit accorder des avantages supplémentaires aux bénéficiaires ou à leur famille dans les conditions déterminées par leurs statuts approuvés.

Les salariés ne pourront valablement s'engager à adhérer à une caisse patronale ou syndicale pour une période supérieure à celle pendant laquelle ils appartiennent à l'entreprise affiliée à la caisse patronale ou à une des entreprises affiliées à la caisse syndicale.

Indépendamment des placements prévus par l'art. 15, les fonds des caisses patronales ou syndicales prévues au présent article pourront être employés en prêts garantis par premières hypothèques sur les immeubles appartenant aux entreprises auxquelles correspondent lesdites caisses et jusqu'à concurrence de la moitié seulement de leur valeur.

Tous les actes relatifs aux prêts dont il s'agit seront exempts de droits de timbre, d'enregistrement et de toutes autres taxes.

Si, du fait de l'autorisation d'une caisse patronale ou syndicale en vertu de la présente loi, il y a lieu à un transfert à cette caisse de fonds ou de valeurs passible du droit de mutation ou de toutes autres taxes, ce transfert sera exempté desdits droits et taxes.

Les syndicats de garantie solidaire sont soumis aux dispositions du présent article. Indépendamment des placements prévus à l'art. 15, leurs fonds peuvent être employés jusqu'à concurrence du tiers en immeubles situés en France et jusqu'à concurrence d'un dixième, confondu dans le tiers précédent, en commandites industrielles ou en prêts à des exploitations industrielles de solvabilité notoire et ayant leur siège en France.

Art. 20. — Les décrets prévus aux art. 17 et 19 déterminent le mode de liquidation des droits éventuels des bénéficiaires en vue du transfert de la réserve mathématique correspondante à un autre des organismes visés par la présente loi, lorsque la caisse débitrice renonce à la constitution des retraites ouvrières.

Dans le cas où un assuré déclare quitter la caisse à laquelle il appartient pour s'affilier à une autre, il n'y a pas lieu à transfert immédiat. Cette opération est différée jusqu'à l'époque de l'entrée en jouissance de la pension. A ce moment, la caisse à laquelle l'assuré est alors affilié reçoit de chacune des autres caisses la réserve mathématique afférente aux portions de rentes qui y sont constituées.

En ce qui concerne les employés et ouvriers de l'Etat soumis à des régimes de retraite autres que ceux des pensions civiles ou des pensions militaires et quittant le service avant liquidation de pensions, des règlements d'administration publique rendus sur la proposition des ministres du Travail et des Finances et du ministre intéressé détermineront, par analogie, le mode de liquidation à la charge de l'Etat de la réserve mathématique des pensions en cours d'acquisition.

TITRE III

DISPOSITIONS GÉNÉRALES

Art. 21. — Les retraites et allocations acquises en vertu de la présente loi sont incessibles et insaisissables, si ce n'est au profit des établissements publics hospitaliers pour le payement du prix de journées du bénéficiaire de la retraite admis à l'hospitalisation, sauf en ce qui concerne les allocations en cas de décès.

Art. 22. — Les certificats, actes de notoriété et toutes autres pièces exclusivement relatives à l'exécution de la présente loi sont délivrés gratuitement et dispensés des droits de timbre et d'enregistrement. Un décret réglera le tarif postal applicable aux objets de correspondance adressés ou reçus pour l'exécution de la loi par la Caisse nationale des retraites et par les autres caisses visées à l'art. 14.

Pour les différends qui naîtraient de l'exécution de la présente loi et qui seraient déférés aux tribunaux civils, il sera procédé comme en matière sommaire et statué d'urgence.

Les recours au Conseil d'Etat contre les arrêtés ministériels statuant sur les réclamations relatives aux allocations prévues par la présente loi seront dispensés du ministère d'avocat et auront lieu sans frais.

Art. 23. — L'employeur ou l'assuré par la faute duquel l'apposition des timbres, prescrite par la présente loi, n'aura pas eu lieu sera passible d'une amende égale aux versements omis, prononcée par le juge de simple police, quel qu'en soit le chiffre, sans préjudice de la condamnation, par le même jugement, au payement de la somme représentant les versements à sa charge, et qui sera portée au compte individuel de l'assuré.

L'amende sera versée au fonds de réserve. L'employeur qui a été dans l'impossibilité d'apposer le timbre prescrit pourra se libérer de la somme à sa charge, en la versant à la fin de chaque mois, directement ou par la poste, au greffier de la justice de paix ou à l'organisme, reconnu par la loi, auquel serait affilié l'assuré.

Tous les trois mois, le greffier déposera les sommes par lui touchées à la Caisse des dépôts et consignations.

Art. 24. — Sont passibles d'une amende de cent à deux mille francs (100 à 2.000 fr.) et d'un emprisonnement de cinq jours à deux mois :

1º Les administrateurs, directeurs ou gérants de toutes sociétés ou institutions recevant, sans avoir été dûment agréées ou autorisées à cet effet, les versements visés par la présente loi ;

2º Les administrateurs, directeurs ou gérants de tous les organismes visés au titre II en cas de fraude ou de fausse déclaration intentionnelle dans l'encaissement ou dans la gestion, le tout sans préjudice du retrait des autorisations ou des agréments prévus aux art. 17 et 19 ;

3º L'assuré ou toute personne qui aura fait disparaître des cartes annuelles les timbres dûment apposés.

L'art. 463 du Code pénal et la loi du 26 mars 1891 sont applicables dans les cas prévus au présent article.

Art. 25. — Le ministre du Travail établit la statistique de toutes les opérations effectuées en exécution de la présente loi et en résume les résultats dans un rapport annuel qui est adressé au président de la République et qui rend compte de l'application générale de la loi.

Ce rapport est publié au *Journal officiel* et distribué aux Chambres.

Art. 26. — Il est formé, auprès du ministre du Travail, et sous sa présidence, un Conseil supérieur des retraites ouvrières chargé de l'examen de toutes les questions se rattachant au fonctionnement de la présente loi.

Ce conseil est composé de :

Deux sénateurs et trois députés élus par leurs collègues ;

Deux conseillers d'Etat élus par le Conseil d'Etat ;

Quatre délégués du conseil supérieur des sociétés de secours mutuels ;

Deux délégués de la commission supérieure des caisses d'épargne ;

Quatre délégués du Conseil supérieur du travail, dont deux élus par les conseillers patrons, et deux par les conseillers ouvriers, dont un ouvrier et un employé ;

Deux membres choisis par le Conseil supérieur du commerce et de l'industrie : un parmi les patrons et un parmi les salariés ;

Deux membres choisis par le Conseil supérieur de l'agriculture : un parmi les patrons et un parmi les ouvriers ou employés d'exploitations agricoles ;

Un administrateur de caisses départementales ou régionales nommé par le ministre du Travail ;

Deux personnes connues pour leurs travaux sur les institutions de prévoyance, désignées, l'une par le ministre du Travail, l'autre par le ministre des Finances ;

Deux membres agrégés de l'Institut des actuaires français désignés de concert par le ministre du Travail et par le ministre des Finances.

Ces membres sont nommés pour trois ans.

Font partie de droit du conseil :

Le directeur général de la comptabilité publique au ministère des Finances ;

Le directeur de l'assurance et de la prévoyance sociale au ministère du Travail ;

Le directeur général de la Caisse des dépôts et consignations ;

Le directeur du mouvement général des fonds et le chef du service de l'Inspection générale au ministère des Finances ;

Le directeur de la mutualité au ministère du Travail.

Le conseil élit ses deux vice-présidents. Il se réunit au moins une fois par semestre.

Il nomme une section permanente composée :

1º De onze membres pris dans son sein, dont un sénateur, un député, un Conseiller d'Etat, un délégué du conseil supérieur des sociétés de secours mutuels, deux employeurs, un ouvrier et un employé de l'industrie et du commerce, un exploitant, un ouvrier agricole et un actuaire ;

2º Des membres de droit.

La section permanente donne son avis sur les questions qui lui sont renvoyées, soit par le conseil supérieur, soit par le ministre du Travail.

Art. 27. — La présente loi sera applicable dans le délai fixé par la loi de finances de 1911, qui comprendra les ressources générales nécessaires à son fonctionnement, et trois mois au moins après l'insertion des règlements d'administration publique au *Journal officiel.*

TITRE IV

DISPOSITIONS TRANSITOIRES

Art. 28. — Les pensions déjà acquises à un titre quelconque, en vertu de contrats, et dont le service incombe à l'employeur, seront fournies, comme précédemment, suivant les règlements particuliers de l'entreprise.

Art. 29. — A partir de la mise en application de la présente loi, les caisses de retraite dont le service incombe à l'employeur et les caisses de prévoyance précédemment organisées par les patrons avec le concours des ouvriers et employés, et qui n'auront pas obtenu l'autorisation prévue à l'art. 19, fonctionneront exclusivement pour l'exécution des engagements antérieurement contractés par lesdites caisses, en ce qui concerne tant les pensions acquises à un titre quelconque que les rentes et pensions de retraite en cours d'acquisition.

Toutefois, si les versements des salariés et les contributions des employeurs aux caisses de prévoyance n'équivalent pas au chiffre fixé par l'art. 2 ci-dessus, ils doivent être majorés en conséquence, à moins que les pensions de retraite assurées ne se trouvent supérieures à celles qui seraient obtenues en vertu de la présente loi.

Art. 30. — Le capital constitutif des rentes incombant soit aux employeurs, soit aux caisses de prévoyance, pourra être versé, en totalité ou par fractions successives, à la Caisse nationale des retraites pour la vieillesse, qui devra, en ce cas, inscrire au compte individuel de chaque ayant droit les rentes correspondant audit capital, calculées dans les conditions prévues par la législation de cette caisse, et en effectuer le payement à partir de l'âge fixé pour l'entrée en jouissance.

Art. 31. — Lorsque les caisses auront été organisées avec le concours des ouvriers et employés, les intéressés seront appelés à se prononcer, dans un délai maximum de six mois, sur les mesures à prendre à raison des engagements précités et sur le mode de réalisation des ressources nécessaires.

A défaut d'entente entre les employeurs, d'une part, et la majorité des ouvriers et employés, d'autre part, les deux parties pourront décider que le règlement des mesures à prendre et la fixation des versements à opérer seront confiés à la commission arbitrale instituée par l'art. 32 ci-après.

Si les employeurs et la majorité des ouvriers et employés ne peuvent se mettre d'accord dans le délai de six mois sus indiqué, ni sur les mesures à adopter, ni sur le recours à la commission arbitrale, les tribunaux nommeront, à la requête de la partie la plus diligente, un liquidateur chargé d'assurer, au mieux des intérêts en présence, la liquidation de la caisse de prévoyance.

Le rapport du liquidateur sera soumis à l'homologation du tribunal.

Art. 32. — La commission arbitrale prévue par l'art. 31 sera composée de sept membres permanents nommés :

Deux par la commission supérieure de la Caisse nationale des retraites pour la vieillesse ;

Deux par le conseil supérieur des retraites prévu à l'art. 26 de la présente loi ;

Deux, par la cour d'appel de Paris, parmi les conseillers de la cour ;

Un, par la Cour des comptes, parmi les conseillers de la cour.

La commission élira son président et son secrétaire ; elle siégera au ministère du Travail ; ses fonctions seront gratuites.

Le nombre des membres de la commission arbitrale sera porté à neuf par l'adjonction, dans chaque affaire, de deux membres désignés : l'un par les employeurs, l'autre par la majorité des ouvriers et employés.

La procédure se fera sans frais d'aucune sorte ; tous actes, documents et pièces quelconques à produire seront dispensés du timbre et enregistrés gratis.

Art. 33. — Pour les différends qui naîtraient de l'exécution de la présente loi et qui seraient déférés aux tribunaux civils, il sera procédé comme en matière sommaire et statué d'urgence.

Les bénéficiaires de la loi obtiendront, de droit, l'assistance judiciaire devant la juridiction du premier degré.

Tous actes, documents et pièces quelconques à produire seront dispensés du timbre et enregistrés gratis.

Les intéressés agissant en nom collectif seront représentés par un mandataire nommé par eux à la majorité des voix, sans préjudice, pour chacun d'eux, du droit d'intervention individuelle.

Art. 34. — Un règlement d'administration publique déterminera : la procédure à suivre pour l'introduction, l'instruction et la solution des affaires soumises à la commission arbitrale ; le nombre, le mode de nomination et les attributions des auxiliaires de l'instruction ; le mode de nomination du mandataire prévu à l'art. 33.

Art. 35. — Les infractions aux dispositions des art. 28 et 29 qui précèdent seront punies d'une amende de seize francs (16 fr.) à deux cents francs (200 fr.). En cas de mauvaise foi, le chiffre de l'amende pourra être porté à cinq cents francs (500 fr.).

L'art. 463 du Code pénal et la loi du 26 mars 1891 sont applicables.

TITRE V

RETRAITES DES MÉTAYERS, FERMIERS, CULTIVATEURS, ARTISANS ET PETITS PATRONS.

Art. 36. — Les fermiers, métayers, cultivateurs, artisans et petits patrons qui, habituellement, travaillent seuls ou avec un seul ouvrier et avec des membres de leur famille salariés ou non, habitant avec eux, et qui voudraient se constituer une retraite ou en assurer une à ces membres de leur famille, seront admis facultativement, en opérant des versements à l'une des caisses visées par l'art. 14 et dans les conditions énumérées aux paragraphes ci-après, au bénéfice d'une pension de retraite à l'âge de soixante-cinq ans, et au bénéfice, le cas échéant, des dispositions de l'art. 18.

Pour les fermiers, cultivateurs, artisans et petits patrons, les versements annuels seront, au minimum, de neuf francs (9 fr.) par assuré pour la cotisation totale et, au maximum, de dix-huit francs (18 fr.). En ce qui concerne les métayers, les versements annuels seront, au minimum, de six francs (6 fr.); ils emporteront de plein droit le versement de pareille somme par les propriétaires, à concurrence d'un maximum de neuf francs (9 fr.).

Ces versements bénéficieront, sur les fonds de l'Etat, d'une majoration allouée chaque année, à capital aliéné, au compte de l'intéressé; cette majoration sera égale au tiers des versements effectués.

Le droit à la majoration sera épuisé lorsque la rente viagère, résultant à soixante-cinq ans des majorations versées antérieurement, aura atteint le chiffre de soixante francs (60 fr.) ou lorsque le bénéficiaire cessera de faire partie des catégories visées au présent article.

Les dispositions des paragraphes précédents sont étendues : 1° aux femmes et veuves non salariées des assurés des titres I et V; 2° aux salariés dont le salaire annuel est supérieur à trois mille francs (3 000 fr.), mais ne dépasse pas cinq mille francs (5 000 fr.).

Pour les cultivateurs, artisans et petits patrons âgés de plus de quarante ans au moment de la mise en vigueur de la présente loi, qui commenceront leurs versements dès cette époque et qui faisaient partie depuis trois ans au moins des catégories d'intéressés susvisées, il sera ajouté à la pension acquise résultant de leurs versements effectifs et de la majoration du tiers une bonification égale à la rente qu'eût produite un versement annuel de neuf francs (9 fr.) depuis l'âge de quarante ans jusqu'à l'âge qu'ils avaient au moment de la mise en vigueur de la loi.

Les métayers âgés de plus de quarante ans au moment de la mise en vigueur de la présente loi et qui, à partir de cette époque, effectueront dès versements annuels égaux à ceux que prévoit l'art. 2, recevront l'allocation viagère fixée par l'art. 4 pour les assurés obligatoires.

Il en sera de même pour les fermiers du même âge qui auront rempli les mêmes conditions et fait le double versement prévu à l'art. 2 sous la réserve que le prix de leurs fermes ne dépassera pas le chiffre global de six cents francs (600 fr.).

Si les versements annuels minima prévus au paragraphe 2 du présent article n'ont pas été effectués pendant le nombre d'années prévu aux alinéas précédents, la bonification précitée sera réduite dans la même proportion que le nombre d'années de versements.

Les avantages prévus par les art. 6, 8 et 9 de la présente loi seront accordés aux personnes visées au présent article qui, depuis la mise en vigueur de cette loi ou depuis l'âge de dix-huit ans, auront, chaque année, versé à l'une des caisses indiquées à l'art. 14 la contribution minimum de neuf francs (9 fr.).

L'art. 7 de la présente loi est étendu aux personnes visées au deuxième alinéa du présent article. De plus, pour ceux des intéressés de la période transitoire qui seraient à soixante-cinq ans dans les conditions requises pour bénéficier des allocations de la loi d'assistance, la bonification de l'Etat sera portée à un chiffre égal à celui de la bonification accordée aux assurés obligatoires de même âge, pourvu que les versements facultatifs de l'intéressé aient été de 18 fr. pour chaque année écoulée depuis la mise en vigueur de la présente loi.

Les assurés facultatifs désignés au présent article et qui occupent des salariés faisant partie ou non de leur famille sont tenus, à l'égard de ces salariés, aux versements obligatoires des employeurs, tels qu'ils sont fixés par l'art. 2 ci-dessus.

Art. 37. — Si un assuré a successivement appartenu aux régimes du titre Ier et de l'art. 36, l'allocation viagère prévue à l'art. 4 ne peut se cumuler avec la rente résultant des majorations de l'art. 36 que jusqu'à concurrence du chiffre fixé par l'art. 4.

Au cas où l'assuré visé à l'alinéa précédent compte un nombre d'années de versements obligatoires inférieur à quinze, il lui est attribué, pour chacune de ces années, une rente complémentaire égale par celle qu'eût produite la majoration de ses versements obligatoires et des contributions patronales, sans que cette rente puisse dépasser un franc cinquante centimes (1 fr. 50) par année et sous la condition que le nombre total de ses années de versements dans les conditions des art. 4 et 36 soit au moins égal à quinze. S'il compte un nombre d'années de versements obligatoires supérieur à quinze et inférieur à trente, il peut parfaire ce nombre par des années de versements facultatifs en conformité de l'art. 36 pour obtenir le bénéfice de l'art. 4.

Les assurés visés à l'art. 36, ayant trente-cinq ans accomplis au moment de l'entrée en vigueur de la loi, qui passeraient ensuite dans la catégorie des assurés visés au titre Ier et effectueraient des versements annuels obligatoires atteignant au moins les trois cinquièmes du chiffre fixé à l'art. 2, seront soumis, pour lesdites années de versements, aux dispositions des cinquième et sixième alinéas de l'art. 4, sans que toutefois l'allocation viagère puisse se cumuler avec les majorations et bonifications de l'art. 36 au delà du chiffre fixé à l'art. 4.

TITRE VI

DISPOSITIONS DIVERSES

Art. 38. — Des avances remboursables peuvent être faites aux caisses départementales ou régionales concourant à l'exécution de la présente loi, pour couvrir leurs frais de premier établissement.

Le remboursement de ces avances sera effectué, dans un délai qui ne pourra excéder quinze ans, par annuités égales calculées au taux du tarif de chaque caisse départementale ou régionale pour la première année d'opérations.

Les décrets visés à l'art. 19 qui autorisent les caisses départementales ou régionales à concourir au service des retraites fixeront, pour chacune de ces caisses, le maximum desdites avances remboursables.

Art. 39. — Le cinquième alinéa de l'art. 3 ci-dessus est applicable à la Caisse nationale d'épargne postale pour l'encaissement des versements obligatoires ou facultatifs de ses adhérents, si ceuxci en font la demande.

Art. 40. — Les étrangers naturalisés n'auront droit au bénéfice des art. 4, 7 et 36 de la présente loi que s'ils ont été naturalisés avant l'âge de cinquante ans.

Art. 41. — Un règlement d'administration publique, rendu sur la proposition des ministres du Travail et des Finances, déterminera toutes les dispositions nécessaires à l'application de la présente loi, sans préjudice des règlements spéciaux ci-dessus prévus.

Art. 42. — A dater de l'entrée en vigueur de la présente loi, sont abrogées toutes dispositions contraires, notamment l'art. 3 de la loi du 27 déc. 1895, et, en ce qui touche les bénéficiaires de la présente loi, les dispositions de la loi du 31 déc. 1895.

www.ingramcontent.com/pod-product-compliance
Ingram Content Group UK Ltd.
Pitfield, Milton Keynes, MK11 3LW, UK
UKHW020059100726
13658UKWH00004B/1861